中华人民共和国社会保险法
全国人民代表大会常务委员会
关于实施渐进式延迟法定退休年龄的决定
实施弹性退休制度暂行办法
企业职工基本养老保险病残津贴暂行办法
个人养老金实施办法

大字本

中国法治出版社

图书在版编目（CIP）数据

中华人民共和国社会保险法　全国人民代表大会常务委员会关于实施渐进式延迟法定退休年龄的决定　实施弹性退休制度暂行办法　企业职工基本养老保险病残津贴暂行办法　个人养老金实施办法：大字本 / 中国法治出版社编. -- 北京：中国法治出版社，2025. 3. -- ISBN 978-7-5216-5106-5

Ⅰ. D922. 5

中国国家版本馆 CIP 数据核字第 2025H6S232 号

中华人民共和国社会保险法　全国人民代表大会常务委员会关于实施渐进式延迟法定退休年龄的决定　实施弹性退休制度暂行办法　企业职工基本养老保险病残津贴暂行办法　个人养老金实施办法：大字本

ZHONGHUA RENMIN GONGHEGUO SHEHUI BAOXIANFA　QUANGUO RENMIN DAIBIAO DAHUI CHANGWU WEIYUANHUI GUANYU SHISHI JIANJINSHI YANCHI FADING TUIXIU NIANLING DE JUEDING　SHISHI TANXING TUIXIU ZHIDU ZANXING BANFA　QIYE ZHIGONG JIBEN YANGLAO BAOXIAN BINGCAN JINTIE ZANXING BANFA　GEREN YANG-LAOJIN SHISHI BANFA：DAZIBEN

经销/新华书店

印刷/三河市紫恒印装有限公司

开本/880 毫米×1230 毫米　32 开　　　　　　　　　印张/2.75　字数/37 千

版次/2025 年 3 月第 1 版　　　　　　　　　　　　2025 年 3 月第 1 次印刷

中国法治出版社出版

书号 ISBN 978-7-5216-5106-5　　　　　　　　　　　　　　　定价：12.00 元

北京市西城区西便门西里甲 16 号西便门办公区

邮政编码：100053　　　　　　　　　　　　　　传真：010-63141600

网址：http://www.zgfzs.com　　　　　　　　　编辑部电话：010-63141799

市场营销部电话：010-63141612　　　　　　　印务部电话：010-63141606

（如有印装质量问题，请与本社印务部联系。）

目　　录

中华人民共和国社会保险法

（2010 年 10 月 28 日第十一届全国人民代表大会常务委员会第十七次会议通过 根据 2018 年 12 月 29 日第十三届全国人民代表大会常务委员会第七次会议《关于修改〈中华人民共和国社会保险法〉的决定》修正）

目　　录

第一章　总　　则

第一条　为了规范社会保险关系，维护公民参加社会保险和享受社会保险待遇的合法权益，使公民共享发展成果，促进社会和谐稳定，根据宪法，制定本法。

第二条　国家建立基本养老保险、基本医疗保险、工伤保险、失业保险、生育保险等社会保险制度，保障公民在年老、疾病、工伤、失业、生育等情况下依法从国家和社会获得物质帮助的权利。

第三条　社会保险制度坚持广覆盖、保基本、多层次、可持续的方针，社会保险水平应当与经济社会发展水平相适应。

第四条　中华人民共和国境内的用人单位和个人依法缴纳社会保险费，有权查询缴费记录、个人权益记录，要求社会保险经办机构提供社会保险咨询等相关服务。

个人依法享受社会保险待遇，有权监督本单位为其缴费情况。

第五条　县级以上人民政府将社会保险事业纳入国民经济和社会发展规划。

国家多渠道筹集社会保险资金。县级以上人民政府对社会保险事业给予必要的经费支持。

国家通过税收优惠政策支持社会保险事业。

第六条　国家对社会保险基金实行严格监管。

国务院和省、自治区、直辖市人民政府建立健全社会保险基金监督管理制度，保障社会保险基金安全、有效运行。

县级以上人民政府采取措施，鼓励和支持社会各方面参与社会保险基金的监督。

第七条　国务院社会保险行政部门负责全国的社会保险管理工作，国务院其他有关部门在各自的职责范围内负责有关的社会保险工作。

县级以上地方人民政府社会保险行政部门负责本行政区域的社会保险管理工作，县级以上地方人民政府其他有关部门在各自的职责范围内负责有关的社会保险工作。

第八条　社会保险经办机构提供社会保险服务，负责社会保险登记、个人权益记录、社会保险待遇支付等工作。

第九条　工会依法维护职工的合法权益，有权参与社会保险重大事项的研究，参加社会保险监督委员会，对与职工社会保险权益有关的事项进行监督。

第二章　基本养老保险

第十条　职工应当参加基本养老保险，由用人单位和职工共同缴纳基本养老保险费。

无雇工的个体工商户、未在用人单位参加基本养老保险的非全日制从业人员以及其他灵活就业人员可以参加基本养老保险，由个人缴纳基本养老保险费。

　　公务员和参照公务员法管理的工作人员养老保险的办法由国务院规定。

　　第十一条　基本养老保险实行社会统筹与个人账户相结合。

　　基本养老保险基金由用人单位和个人缴费以及政府补贴等组成。

　　第十二条　用人单位应当按照国家规定的本单位职工工资总额的比例缴纳基本养老保险费，记入基本养老保险统筹基金。

　　职工应当按照国家规定的本人工资的比例缴纳基本养老保险费，记入个人账户。

　　无雇工的个体工商户、未在用人单位参加基本养老保险的非全日制从业人员以及其他灵活就业人员参加基本养老保险的，应当按照国家规定缴纳基本养老保险费，分别记入基本养老保险统筹基金和个人账户。

第十三条 国有企业、事业单位职工参加基本养老保险前，视同缴费年限期间应当缴纳的基本养老保险费由政府承担。

基本养老保险基金出现支付不足时，政府给予补贴。

第十四条 个人账户不得提前支取，记账利率不得低于银行定期存款利率，免征利息税。个人死亡的，个人账户余额可以继承。

第十五条 基本养老金由统筹养老金和个人账户养老金组成。

基本养老金根据个人累计缴费年限、缴费工资、当地职工平均工资、个人账户金额、城镇人口平均预期寿命等因素确定。

第十六条 参加基本养老保险的个人，达到法定退休年龄时累计缴费满十五年的，按月领取基本养老金。

参加基本养老保险的个人，达到法定退休年龄时累计缴费不足十五年的，可以缴费至满十五年，按月领取基本养老金；也可以转入新型农村社会养老保险或者城镇居民社会养老保险，按照国务院规定享受相应的养老保险待遇。

第十七条 参加基本养老保险的个人，因病或者非因工死亡的，其遗属可以领取丧葬补助金和抚恤金；在未达到法定退休年龄时因病或者非因工致残完全丧失劳动能力的，可以领取病残津贴。所需资金从基本养老保险基金中支付。

第十八条 国家建立基本养老金正常调整机制。根据职工平均工资增长、物价上涨情况，适时提高基本养老保险待遇水平。

第十九条 个人跨统筹地区就业的，其基本养老保险关系随本人转移，缴费年限累计计算。个人达到法定退休年龄时，基本养老金分段计算、统一支付。具体办法由国务院规定。

第二十条 国家建立和完善新型农村社会养老保险制度。

新型农村社会养老保险实行个人缴费、集体补助和政府补贴相结合。

第二十一条　新型农村社会养老保险待遇由基础养老金和个人账户养老金组成。

参加新型农村社会养老保险的农村居民，符合国家规定条件的，按月领取新型农村社会养老保险待遇。

第二十二条　国家建立和完善城镇居民社会养老保险制度。

省、自治区、直辖市人民政府根据实际情况，可以将城镇居民社会养老保险和新型农村社会养老保险合并实施。

第三章　基本医疗保险

第二十三条　职工应当参加职工基本医疗保险，由用人单位和职工按照国家规定共同缴纳基本医疗保险费。

无雇工的个体工商户、未在用人单位参加职工基本医疗保险的非全日制从业人员以及其他灵活就业人员可以参加职工基本医疗保险，由个人按照国家规定缴纳基本医疗保险费。

第二十四条 国家建立和完善新型农村合作医疗制度。

新型农村合作医疗的管理办法，由国务院规定。

第二十五条 国家建立和完善城镇居民基本医疗保险制度。

城镇居民基本医疗保险实行个人缴费和政府补贴相结合。

享受最低生活保障的人、丧失劳动能力的残疾人、低收入家庭六十周岁以上的老年人和未成年人等所需个人缴费部分，由政府给予补贴。

第二十六条 职工基本医疗保险、新型农村合作医疗和城镇居民基本医疗保险的待遇标准按照国家规定执行。

第二十七条 参加职工基本医疗保险的个人，达到法定退休年龄时累计缴费达到国家规定年限的，退休后不再缴纳基本医疗保险费，按照国家规定享受基本医疗保险待遇；未达到国家规定年限的，可以缴费至国家规定年限。

第二十八条　符合基本医疗保险药品目录、诊疗项目、医疗服务设施标准以及急诊、抢救的医疗费用，按照国家规定从基本医疗保险基金中支付。

第二十九条　参保人员医疗费用中应当由基本医疗保险基金支付的部分，由社会保险经办机构与医疗机构、药品经营单位直接结算。

社会保险行政部门和卫生行政部门应当建立异地就医医疗费用结算制度，方便参保人员享受基本医疗保险待遇。

第三十条　下列医疗费用不纳入基本医疗保险基金支付范围：

（一）应当从工伤保险基金中支付的；

（二）应当由第三人负担的；

（三）应当由公共卫生负担的；

（四）在境外就医的。

医疗费用依法应当由第三人负担，第三人不支付或者无法确定第三人的，由基本医疗保险基金先行支付。基本医疗保险基金先行支付后，有权向第三人追偿。

第三十一条　社会保险经办机构根据管理服务的需要，可以与医疗机构、药品经营单位签订服务协议，规范医疗服务行为。

医疗机构应当为参保人员提供合理、必要的医疗服务。

第三十二条　个人跨统筹地区就业的，其基本医疗保险关系随本人转移，缴费年限累计计算。

第四章　工 伤 保 险

第三十三条　职工应当参加工伤保险，由用人单位缴纳工伤保险费，职工不缴纳工伤保险费。

第三十四条　国家根据不同行业的工伤风险程度确定行业的差别费率，并根据使用工伤保险基金、工伤发生率等情况在每个行业内确定费率档次。行业差别费率和行业内费率档次由国务院社会保险行政部门制定，报国务院批准后公布施行。

社会保险经办机构根据用人单位使用工伤保险基金、工伤发生率和所属行业费率档次等情况，确定用人单位缴费费率。

第三十五条　用人单位应当按照本单位职工工资总额，根据社会保险经办机构确定的费率缴纳工伤保险费。

第三十六条　职工因工作原因受到事故伤害或者患职业病，且经工伤认定的，享受工伤保险待遇；其中，经劳动能力鉴定丧失劳动能力的，享受伤残待遇。

工伤认定和劳动能力鉴定应当简捷、方便。

第三十七条　职工因下列情形之一导致本人在工作中伤亡的，不认定为工伤：

（一）故意犯罪；

（二）醉酒或者吸毒；

（三）自残或者自杀；

（四）法律、行政法规规定的其他情形。

第三十八条　因工伤发生的下列费用，按照国家规定从工伤保险基金中支付：

（一）治疗工伤的医疗费用和康复费用；

（二）住院伙食补助费；

（三）到统筹地区以外就医的交通食宿费；

（四）安装配置伤残辅助器具所需费用；

（五）生活不能自理的，经劳动能力鉴定委员会确认的生活护理费；

（六）一次性伤残补助金和一至四级伤残职工按月领取的伤残津贴；

（七）终止或者解除劳动合同时，应当享受的一次性医疗补助金；

（八）因工死亡的，其遗属领取的丧葬补助金、供养亲属抚恤金和因工死亡补助金；

（九）劳动能力鉴定费。

第三十九条 因工伤发生的下列费用，按照国家规定由用人单位支付：

（一）治疗工伤期间的工资福利；

（二）五级、六级伤残职工按月领取的伤残津贴；

（三）终止或者解除劳动合同时，应当享受的一次性伤残就业补助金。

第四十条 工伤职工符合领取基本养老金条件

的，停发伤残津贴，享受基本养老保险待遇。基本养老保险待遇低于伤残津贴的，从工伤保险基金中补足差额。

第四十一条 职工所在用人单位未依法缴纳工伤保险费，发生工伤事故的，由用人单位支付工伤保险待遇。用人单位不支付的，从工伤保险基金中先行支付。

从工伤保险基金中先行支付的工伤保险待遇应当由用人单位偿还。用人单位不偿还的，社会保险经办机构可以依照本法第六十三条的规定追偿。

第四十二条 由于第三人的原因造成工伤，第三人不支付工伤医疗费用或者无法确定第三人的，由工伤保险基金先行支付。工伤保险基金先行支付后，有权向第三人追偿。

第四十三条 工伤职工有下列情形之一的，停止享受工伤保险待遇：

（一）丧失享受待遇条件的；

（二）拒不接受劳动能力鉴定的；

（三）拒绝治疗的。

第五章　失业保险

第四十四条　职工应当参加失业保险，由用人单位和职工按照国家规定共同缴纳失业保险费。

第四十五条　失业人员符合下列条件的，从失业保险基金中领取失业保险金：

（一）失业前用人单位和本人已经缴纳失业保险费满一年的；

（二）非因本人意愿中断就业的；

（三）已经进行失业登记，并有求职要求的。

第四十六条　失业人员失业前用人单位和本人累计缴费满一年不足五年的，领取失业保险金的期限最长为十二个月；累计缴费满五年不足十年的，领取失业保险金的期限最长为十八个月；累计缴费十年以上的，领取失业保险金的期限最长为二十四个月。重新就业后，再次失业的，缴费时间重新计算，领取失业保险金的期限与前次失业应当领取而尚未领取的失业保险金的期限合并计算，最长不超过二十四个月。

第四十七条　失业保险金的标准，由省、自治区、直辖市人民政府确定，不得低于城市居民最低生活保障标准。

第四十八条　失业人员在领取失业保险金期间，参加职工基本医疗保险，享受基本医疗保险待遇。

失业人员应当缴纳的基本医疗保险费从失业保险基金中支付，个人不缴纳基本医疗保险费。

第四十九条　失业人员在领取失业保险金期间死亡的，参照当地对在职职工死亡的规定，向其遗属发给一次性丧葬补助金和抚恤金。所需资金从失业保险基金中支付。

个人死亡同时符合领取基本养老保险丧葬补助金、工伤保险丧葬补助金和失业保险丧葬补助金条件的，其遗属只能选择领取其中的一项。

第五十条　用人单位应当及时为失业人员出具终止或者解除劳动关系的证明，并将失业人员的名单自终止或者解除劳动关系之日起十五日内告知社会保险经办机构。

失业人员应当持本单位为其出具的终止或者解除劳动关系的证明，及时到指定的公共就业服务机构办理失业登记。

失业人员凭失业登记证明和个人身份证明，到社会保险经办机构办理领取失业保险金的手续。失业保险金领取期限自办理失业登记之日起计算。

第五十一条 失业人员在领取失业保险金期间有下列情形之一的，停止领取失业保险金，并同时停止享受其他失业保险待遇：

（一）重新就业的；

（二）应征服兵役的；

（三）移居境外的；

（四）享受基本养老保险待遇的；

（五）无正当理由，拒不接受当地人民政府指定部门或者机构介绍的适当工作或者提供的培训的。

第五十二条 职工跨统筹地区就业的，其失业保险关系随本人转移，缴费年限累计计算。

第六章　生　育　保　险

第五十三条　职工应当参加生育保险，由用人单位按照国家规定缴纳生育保险费，职工不缴纳生育保险费。

第五十四条　用人单位已经缴纳生育保险费的，其职工享受生育保险待遇；职工未就业配偶按照国家规定享受生育医疗费用待遇。所需资金从生育保险基金中支付。

生育保险待遇包括生育医疗费用和生育津贴。

第五十五条　生育医疗费用包括下列各项：

（一）生育的医疗费用；

（二）计划生育的医疗费用；

（三）法律、法规规定的其他项目费用。

第五十六条　职工有下列情形之一的，可以按照国家规定享受生育津贴：

（一）女职工生育享受产假；

（二）享受计划生育手术休假；

（三）法律、法规规定的其他情形。

生育津贴按照职工所在用人单位上年度职工月平均工资计发。

第七章　社会保险费征缴

第五十七条　用人单位应当自成立之日起三十日内凭营业执照、登记证书或者单位印章，向当地社会保险经办机构申请办理社会保险登记。社会保险经办机构应当自收到申请之日起十五日内予以审核，发给社会保险登记证件。

用人单位的社会保险登记事项发生变更或者用人单位依法终止的，应当自变更或者终止之日起三十日内，到社会保险经办机构办理变更或者注销社会保险登记。

市场监督管理部门、民政部门和机构编制管理机关应当及时向社会保险经办机构通报用人单位的成立、终止情况，公安机关应当及时向社会保险经办机构通报个人的出生、死亡以及户口登记、迁移、注销等情况。

第五十八条　用人单位应当自用工之日起三十日内为其职工向社会保险经办机构申请办理社会保险登记。未办理社会保险登记的，由社会保险经办机构核定其应当缴纳的社会保险费。

自愿参加社会保险的无雇工的个体工商户、未在用人单位参加社会保险的非全日制从业人员以及其他灵活就业人员，应当向社会保险经办机构申请办理社会保险登记。

国家建立全国统一的个人社会保障号码。个人社会保障号码为公民身份号码。

第五十九条　县级以上人民政府加强社会保险费的征收工作。

社会保险费实行统一征收，实施步骤和具体办法由国务院规定。

第六十条　用人单位应当自行申报、按时足额缴纳社会保险费，非因不可抗力等法定事由不得缓缴、减免。职工应当缴纳的社会保险费由用人单位代扣代缴，用人单位应当按月将缴纳社会保险费的明细情况告知本人。

无雇工的个体工商户、未在用人单位参加社会保险的非全日制从业人员以及其他灵活就业人员，可以直接向社会保险费征收机构缴纳社会保险费。

第六十一条　社会保险费征收机构应当依法按时足额征收社会保险费，并将缴费情况定期告知用人单位和个人。

第六十二条　用人单位未按规定申报应当缴纳的社会保险费数额的，按照该单位上月缴费额的百分之一百一十确定应当缴纳数额；缴费单位补办申报手续后，由社会保险费征收机构按照规定结算。

第六十三条　用人单位未按时足额缴纳社会保险费的，由社会保险费征收机构责令其限期缴纳或者补足。

用人单位逾期仍未缴纳或者补足社会保险费的，社会保险费征收机构可以向银行和其他金融机构查询其存款账户；并可以申请县级以上有关行政部门作出划拨社会保险费的决定，书面通知其开户银行或者其他金融机构划拨社会保险费。用人单位账户余额少于应当缴纳的社会保险费的，社会保险费征收机构可以要求该用人单位提供担保，签订延期缴费协议。

用人单位未足额缴纳社会保险费且未提供担保的，社会保险费征收机构可以申请人民法院扣押、查封、拍卖其价值相当于应当缴纳社会保险费的财产，以拍卖所得抵缴社会保险费。

第八章　社会保险基金

第六十四条　社会保险基金包括基本养老保险基金、基本医疗保险基金、工伤保险基金、失业保险基金和生育保险基金。除基本医疗保险基金与生育保险基金合并建账及核算外，其他各项社会保险基金按照社会保险险种分别建账，分账核算。社会保险基金执行国家统一的会计制度。

社会保险基金专款专用，任何组织和个人不得侵占或者挪用。

基本养老保险基金逐步实行全国统筹，其他社会保险基金逐步实行省级统筹，具体时间、步骤由国务院规定。

第六十五条　社会保险基金通过预算实现收支平衡。

县级以上人民政府在社会保险基金出现支付不足时，给予补贴。

第六十六条　社会保险基金按照统筹层次设立预算。除基本医疗保险基金与生育保险基金预算合并编制外，其他社会保险基金预算按照社会保险项目分别编制。

第六十七条　社会保险基金预算、决算草案的编制、审核和批准，依照法律和国务院规定执行。

第六十八条　社会保险基金存入财政专户，具体管理办法由国务院规定。

第六十九条　社会保险基金在保证安全的前提下，按照国务院规定投资运营实现保值增值。

社会保险基金不得违规投资运营，不得用于平衡其他政府预算，不得用于兴建、改建办公场所和支付人员经费、运行费用、管理费用，或者违反法律、行政法规规定挪作其他用途。

第七十条　社会保险经办机构应当定期向社会公布参加社会保险情况以及社会保险基金的收入、支出、结余和收益情况。

第七十一条　国家设立全国社会保障基金，由中央财政预算拨款以及国务院批准的其他方式筹集的资金构成，用于社会保障支出的补充、调剂。全国社会保障基金由全国社会保障基金管理运营机构负责管理运营，在保证安全的前提下实现保值增值。

全国社会保障基金应当定期向社会公布收支、管理和投资运营的情况。国务院财政部门、社会保险行政部门、审计机关对全国社会保障基金的收支、管理和投资运营情况实施监督。

第九章　社会保险经办

第七十二条　统筹地区设立社会保险经办机构。社会保险经办机构根据工作需要，经所在地的社会保险行政部门和机构编制管理机关批准，可以在本统筹地区设立分支机构和服务网点。

社会保险经办机构的人员经费和经办社会保险发生的基本运行费用、管理费用，由同级财政按照国家规定予以保障。

第七十三条 社会保险经办机构应当建立健全业务、财务、安全和风险管理制度。

社会保险经办机构应当按时足额支付社会保险待遇。

第七十四条 社会保险经办机构通过业务经办、统计、调查获取社会保险工作所需的数据，有关单位和个人应当及时、如实提供。

社会保险经办机构应当及时为用人单位建立档案，完整、准确地记录参加社会保险的人员、缴费等社会保险数据，妥善保管登记、申报的原始凭证和支付结算的会计凭证。

社会保险经办机构应当及时、完整、准确地记录参加社会保险的个人缴费和用人单位为其缴费，以及享受社会保险待遇等个人权益记录，定期将个人权益记录单免费寄送本人。

用人单位和个人可以免费向社会保险经办机构查询、核对其缴费和享受社会保险待遇记录，要求社会保险经办机构提供社会保险咨询等相关服务。

第七十五条 全国社会保险信息系统按照国家统一规划，由县级以上人民政府按照分级负责的原则共同建设。

第十章 社会保险监督

第七十六条 各级人民代表大会常务委员会听取和审议本级人民政府对社会保险基金的收支、管理、投资运营以及监督检查情况的专项工作报告，组织对本法实施情况的执法检查等，依法行使监督职权。

第七十七条 县级以上人民政府社会保险行政部门应当加强对用人单位和个人遵守社会保险法律、法规情况的监督检查。

社会保险行政部门实施监督检查时，被检查的用人单位和个人应当如实提供与社会保险有关的资料，不得拒绝检查或者谎报、瞒报。

第七十八条 财政部门、审计机关按照各自职责，对社会保险基金的收支、管理和投资运营情况实施监督。

第七十九条 社会保险行政部门对社会保险基金的收支、管理和投资运营情况进行监督检查，发现存在问题的，应当提出整改建议，依法作出处理决定或者向有关行政部门提出处理建议。社会保险基金检查结果应当定期向社会公布。

社会保险行政部门对社会保险基金实施监督检查，有权采取下列措施：

（一）查阅、记录、复制与社会保险基金收支、管理和投资运营相关的资料，对可能被转移、隐匿或者灭失的资料予以封存；

（二）询问与调查事项有关的单位和个人，要求其对与调查事项有关的问题作出说明、提供有关证明材料；

（三）对隐匿、转移、侵占、挪用社会保险基金的行为予以制止并责令改正。

第八十条 统筹地区人民政府成立由用人单位代表、参保人员代表，以及工会代表、专家等组成的社会保险监督委员会，掌握、分析社会保险基金的收支、管理和投资运营情况，对社会保险工作提出咨询意见和建议，实施社会监督。

社会保险经办机构应当定期向社会保险监督委员会汇报社会保险基金的收支、管理和投资运营情况。社会保险监督委员会可以聘请会计师事务所对社会保险基金的收支、管理和投资运营情况进行年度审计和专项审计。审计结果应当向社会公开。

社会保险监督委员会发现社会保险基金收支、管理和投资运营中存在问题的，有权提出改正建议；对社会保险经办机构及其工作人员的违法行为，有权向有关部门提出依法处理建议。

第八十一条 社会保险行政部门和其他有关行政部门、社会保险经办机构、社会保险费征收机构及其工作人员，应当依法为用人单位和个人的信息保密，不得以任何形式泄露。

第八十二条 任何组织或者个人有权对违反社

会保险法律、法规的行为进行举报、投诉。

社会保险行政部门、卫生行政部门、社会保险经办机构、社会保险费征收机构和财政部门、审计机关对属于本部门、本机构职责范围的举报、投诉，应当依法处理；对不属于本部门、本机构职责范围的，应当书面通知并移交有权处理的部门、机构处理。有权处理的部门、机构应当及时处理，不得推诿。

第八十三条 用人单位或者个人认为社会保险费征收机构的行为侵害自己合法权益的，可以依法申请行政复议或者提起行政诉讼。

用人单位或者个人对社会保险经办机构不依法办理社会保险登记、核定社会保险费、支付社会保险待遇、办理社会保险转移接续手续或者侵害其他社会保险权益的行为，可以依法申请行政复议或者提起行政诉讼。

个人与所在用人单位发生社会保险争议的，可以依法申请调解、仲裁，提起诉讼。用人单位侵害个人社会保险权益的，个人也可以要求社会保险行政部门或者社会保险费征收机构依法处理。

第十一章　法律责任

第八十四条　用人单位不办理社会保险登记的，由社会保险行政部门责令限期改正；逾期不改正的，对用人单位处应缴社会保险费数额一倍以上三倍以下的罚款，对其直接负责的主管人员和其他直接责任人员处五百元以上三千元以下的罚款。

第八十五条　用人单位拒不出具终止或者解除劳动关系证明的，依照《中华人民共和国劳动合同法》的规定处理。

第八十六条　用人单位未按时足额缴纳社会保险费的，由社会保险费征收机构责令限期缴纳或者补足，并自欠缴之日起，按日加收万分之五的滞纳金；逾期仍不缴纳的，由有关行政部门处欠缴数额一倍以上三倍以下的罚款。

第八十七条　社会保险经办机构以及医疗机构、药品经营单位等社会保险服务机构以欺诈、伪造证明材料或者其他手段骗取社会保险基金支出的，由社会保险行政部门责令退回骗取的社会保险金，处骗取金额二倍以上五倍以下的罚款；属于社会保险服务机构的，解除服务协议；直接负责的主管人员和其他直接责任人员有执业资格的，依法吊销其执业资格。

第八十八条　以欺诈、伪造证明材料或者其他手段骗取社会保险待遇的，由社会保险行政部门责令退回骗取的社会保险金，处骗取金额二倍以上五倍以下的罚款。

第八十九条　社会保险经办机构及其工作人员有下列行为之一的，由社会保险行政部门责令改正；给社会保险基金、用人单位或者个人造成损失的，依法承担赔偿责任；对直接负责的主管人员和其他直接责任人员依法给予处分：

（一）未履行社会保险法定职责的；

（二）未将社会保险基金存入财政专户的；

（三）克扣或者拒不按时支付社会保险待遇的；

（四）丢失或者篡改缴费记录、享受社会保险待遇记录等社会保险数据、个人权益记录的；

（五）有违反社会保险法律、法规的其他行为的。

第九十条　社会保险费征收机构擅自更改社会保险费缴费基数、费率，导致少收或者多收社会保险费的，由有关行政部门责令其追缴应当缴纳的社会保险费或者退还不应当缴纳的社会保险费；对直接负责的主管人员和其他直接责任人员依法给予处分。

第九十一条　违反本法规定，隐匿、转移、侵占、挪用社会保险基金或者违规投资运营的，由社会保险行政部门、财政部门、审计机关责令追回；有违法所得的，没收违法所得；对直接负责的主管人员和其他直接责任人员依法给予处分。

第九十二条　社会保险行政部门和其他有关行政部门、社会保险经办机构、社会保险费征收机构及其工作人员泄露用人单位和个人信息的，对直接负责的主管人员和其他直接责任人员依法给予处分；给用人单位或者个人造成损失的，应当承担赔偿责任。

第九十三条　国家工作人员在社会保险管理、

监督工作中滥用职权、玩忽职守、徇私舞弊的，依法给予处分。

第九十四条　违反本法规定，构成犯罪的，依法追究刑事责任。

第十二章　附　　则

第九十五条　进城务工的农村居民依照本法规定参加社会保险。

第九十六条　征收农村集体所有的土地，应当足额安排被征地农民的社会保险费，按照国务院规定将被征地农民纳入相应的社会保险制度。

第九十七条　外国人在中国境内就业的，参照本法规定参加社会保险。

第九十八条　本法自 2011 年 7 月 1 日起施行。

全国人民代表大会常务委员会关于实施渐进式延迟法定退休年龄的决定

（2024 年 9 月 13 日第十四届全国人民
代表大会常务委员会第十一次会议通过）

为了深入贯彻落实党中央关于渐进式延迟法定退休年龄的决策部署，适应我国人口发展新形势，充分开发利用人力资源，根据宪法，第十四届全国人民代表大会常务委员会第十一次会议决定：

一、同步启动延迟男、女职工的法定退休年龄，用十五年时间，逐步将男职工的法定退休年龄从原六十周岁延迟至六十三周岁，将女职工的法定退休年龄从原五十周岁、五十五周岁分别延迟至五十五周岁、五十八周岁。

二、实施渐进式延迟法定退休年龄坚持小步调整、弹性实施、分类推进、统筹兼顾的原则。

三、各级人民政府应当积极应对人口老龄化，鼓励和支持劳动者就业创业，切实保障劳动者权益，协调推进养老托育等相关工作。

四、批准《国务院关于渐进式延迟法定退休年龄的办法》。国务院根据实际需要，可以对落实本办法进行补充和细化。

五、本决定自 2025 年 1 月 1 日起施行。第五届全国人民代表大会常务委员会第二次会议批准的《国务院关于安置老弱病残干部的暂行办法》和《国务院关于工人退休、退职的暂行办法》中有关退休年龄的规定不再施行。

国务院关于渐进式延迟法定退休年龄的办法

坚持以习近平新时代中国特色社会主义思想为指导，深入贯彻党的二十大和二十届二中、三中全会精神，综合考虑我国人均预期寿命、健康水平、人口结构、国民受教育程度、劳动力供给等因素，按照小步调整、弹性实施、分类推进、统筹兼顾的原则，实施渐进式延迟法定退休年龄。为了做好这项工作，特制定本办法。

第一条 从 2025 年 1 月 1 日起，男职工和原法定退休年龄为五十五周岁的女职工，法定退休年龄每四个月延迟一个月，分别逐步延迟至六十三周岁和五十八周岁；原法定退休年龄为五十周岁的女职工，法定退休年龄每二个月延迟一个月，逐步延迟至五十五周岁。国家另有规定的，从其规定。

第二条 从 2030 年 1 月 1 日起，将职工按月领取基本养老金最低缴费年限由十五年逐步提高至二十年，每年提高六个月。职工达到法定退休年龄但不满最低缴费年限的，可以按照规定通过延长缴费或者一次性缴费的办法达到最低缴费年限，按月领取基本养老金。

第三条 职工达到最低缴费年限，可以自愿选择弹性提前退休，提前时间最长不超过三年，且退休年龄不得低于女职工五十周岁、五十五周岁及男职工六十周岁的原法定退休年龄。职工达到法定退休年龄，所在单位与职工协商一致的，可以弹性延迟退休，延迟时间最长不超过三年。国家另有规定的，从其规定。实施中不得违背职工意愿，违法强制或者变相强制职工选择退休年龄。

第四条　国家健全养老保险激励机制。鼓励职工长缴多得、多缴多得、晚退多得。基础养老金计发比例与个人累计缴费年限挂钩，基础养老金计发基数与个人实际缴费挂钩，个人账户养老金根据个人退休年龄、个人账户储存额等因素确定。

第五条　国家实施就业优先战略，促进高质量充分就业。完善就业公共服务体系，健全终身职业技能培训制度。支持青年人就业创业，强化大龄劳动者就业岗位开发，完善困难人员就业援助制度。加强对就业年龄歧视的防范和治理，激励用人单位吸纳更多大龄劳动者就业。

第六条　用人单位招用超过法定退休年龄的劳动者，应当保障劳动者获得劳动报酬、休息休假、劳动安全卫生、工伤保障等基本权益。

国家加强灵活就业和新就业形态劳动者权益保障。

国家完善带薪年休假制度。

第七条　对领取失业保险金且距法定退休年龄不足一年的人员，领取失业保险金年限延长至法定退休年龄，在实施渐进式延迟法定退休年龄期间，由失业保险基金按照规定为其缴纳养老保险费。

第八条　国家规范完善特殊工种等提前退休政策。从事井下、高空、高温、特别繁重体力劳动等国家规定的特殊工种，以及在高海拔地区工作的职工，符合条件的可以申请提前退休。

第九条　国家建立居家社区机构相协调、医养康养相结合的养老服务体系，大力发展普惠托育服务体系。

附件：

1. 男职工延迟法定退休年龄对照表

2. 原法定退休年龄五十五周岁的女职工延迟法定退休年龄对照表

3. 原法定退休年龄五十周岁的女职工延迟法定退休年龄对照表

4. 提高最低缴费年限情况表

附件 1：

男职工延迟法定退休年龄对照表

延迟法定退休年龄每 4 个月延迟 1 个月			
出生时间	改革后法定退休年龄	改革后退休时间	延迟月数
1965 年 1 月		2025 年 2 月	
1965 年 2 月	60 岁 1 个月	2025 年 3 月	1
1965 年 3 月		2025 年 4 月	
1965 年 4 月		2025 年 5 月	
1965 年 5 月		2025 年 7 月	
1965 年 6 月	60 岁 2 个月	2025 年 8 月	2
1965 年 7 月		2025 年 9 月	
1965 年 8 月		2025 年 10 月	
1965 年 9 月		2025 年 12 月	
1965 年 10 月	60 岁 3 个月	2026 年 1 月	3
1965 年 11 月		2026 年 2 月	
1965 年 12 月		2026 年 3 月	
1966 年 1 月		2026 年 5 月	
1966 年 2 月	60 岁 4 个月	2026 年 6 月	4
1966 年 3 月		2026 年 7 月	
1966 年 4 月		2026 年 8 月	

延迟法定退休年龄每4个月延迟1个月			
出生时间	改革后法定退休年龄	改革后退休时间	延迟月数
1966 年 5 月	60 岁 5 个月	2026 年 10 月	5
1966 年 6 月		2026 年 11 月	
1966 年 7 月		2026 年 12 月	
1966 年 8 月		2027 年 1 月	
1966 年 9 月	60 岁 6 个月	2027 年 3 月	6
1966 年 10 月		2027 年 4 月	
1966 年 11 月		2027 年 5 月	
1966 年 12 月		2027 年 6 月	
1967 年 1 月	60 岁 7 个月	2027 年 8 月	7
1967 年 2 月		2027 年 9 月	
1967 年 3 月		2027 年 10 月	
1967 年 4 月		2027 年 11 月	
1967 年 5 月	60 岁 8 个月	2028 年 1 月	8
1967 年 6 月		2028 年 2 月	
1967 年 7 月		2028 年 3 月	
1967 年 8 月		2028 年 4 月	
1967 年 9 月	60 岁 9 个月	2028 年 6 月	9
1967 年 10 月		2028 年 7 月	
1967 年 11 月		2028 年 8 月	
1967 年 12 月		2028 年 9 月	
1968 年 1 月	60 岁 10 个月	2028 年 11 月	10
1968 年 2 月		2028 年 12 月	
1968 年 3 月		2029 年 1 月	
1968 年 4 月		2029 年 2 月	

延迟法定退休年龄每 4 个月延迟 1 个月			
出生时间	改革后法定退休年龄	改革后退休时间	延迟月数
1968 年 5 月	60 岁 11 个月	2029 年 4 月	11
1968 年 6 月		2029 年 5 月	
1968 年 7 月		2029 年 6 月	
1968 年 8 月		2029 年 7 月	
1968 年 9 月	61 岁	2029 年 9 月	12
1968 年 10 月		2029 年 10 月	
1968 年 11 月		2029 年 11 月	
1968 年 12 月		2029 年 12 月	
1969 年 1 月	61 岁 1 个月	2030 年 2 月	13
1969 年 2 月		2030 年 3 月	
1969 年 3 月		2030 年 4 月	
1969 年 4 月		2030 年 5 月	
1969 年 5 月	61 岁 2 个月	2030 年 7 月	14
1969 年 6 月		2030 年 8 月	
1969 年 7 月		2030 年 9 月	
1969 年 8 月		2030 年 10 月	
1969 年 9 月	61 岁 3 个月	2030 年 12 月	15
1969 年 10 月		2031 年 1 月	
1969 年 11 月		2031 年 2 月	
1969 年 12 月		2031 年 3 月	
1970 年 1 月	61 岁 4 个月	2031 年 5 月	16
1970 年 2 月		2031 年 6 月	
1970 年 3 月		2031 年 7 月	
1970 年 4 月		2031 年 8 月	

延迟法定退休年龄每4个月延迟1个月			
出生时间	改革后法定退休年龄	改革后退休时间	延迟月数
1970 年 5 月	61 岁 5 个月	2031 年 10 月	17
1970 年 6 月		2031 年 11 月	
1970 年 7 月		2031 年 12 月	
1970 年 8 月		2032 年 1 月	
1970 年 9 月	61 岁 6 个月	2032 年 3 月	18
1970 年 10 月		2032 年 4 月	
1970 年 11 月		2032 年 5 月	
1970 年 12 月		2032 年 6 月	
1971 年 1 月	61 岁 7 个月	2032 年 8 月	19
1971 年 2 月		2032 年 9 月	
1971 年 3 月		2032 年 10 月	
1971 年 4 月		2032 年 11 月	
1971 年 5 月	61 岁 8 个月	2033 年 1 月	20
1971 年 6 月		2033 年 2 月	
1971 年 7 月		2033 年 3 月	
1971 年 8 月		2033 年 4 月	
1971 年 9 月	61 岁 9 个月	2033 年 6 月	21
1971 年 10 月		2033 年 7 月	
1971 年 11 月		2033 年 8 月	
1971 年 12 月		2033 年 9 月	
1972 年 1 月	61 岁 10 个月	2033 年 11 月	22
1972 年 2 月		2033 年 12 月	
1972 年 3 月		2034 年 1 月	
1972 年 4 月		2034 年 2 月	

延迟法定退休年龄每 4 个月延迟 1 个月			
出生时间	改革后法定退休年龄	改革后退休时间	延迟月数
1972 年 5 月	61 岁 11 个月	2034 年 4 月	23
1972 年 6 月		2034 年 5 月	
1972 年 7 月		2034 年 6 月	
1972 年 8 月		2034 年 7 月	
1972 年 9 月	62 岁	2034 年 9 月	24
1972 年 10 月		2034 年 10 月	
1972 年 11 月		2034 年 11 月	
1972 年 12 月		2034 年 12 月	
1973 年 1 月	62 岁 1 个月	2035 年 2 月	25
1973 年 2 月		2035 年 3 月	
1973 年 3 月		2035 年 4 月	
1973 年 4 月		2035 年 5 月	
1973 年 5 月	62 岁 2 个月	2035 年 7 月	26
1973 年 6 月		2035 年 8 月	
1973 年 7 月		2035 年 9 月	
1973 年 8 月		2035 年 10 月	
1973 年 9 月	62 岁 3 个月	2035 年 12 月	27
1973 年 10 月		2036 年 1 月	
1973 年 11 月		2036 年 2 月	
1973 年 12 月		2036 年 3 月	
1974 年 1 月	62 岁 4 个月	2036 年 5 月	28
1974 年 2 月		2036 年 6 月	
1974 年 3 月		2036 年 7 月	
1974 年 4 月		2036 年 8 月	

延迟法定退休年龄每4个月延迟1个月			
出生时间	改革后法定退休年龄	改革后退休时间	延迟月数
1974年5月	62岁5个月	2036年10月	29
1974年6月		2036年11月	
1974年7月		2036年12月	
1974年8月		2037年1月	
1974年9月	62岁6个月	2037年3月	30
1974年10月		2037年4月	
1974年11月		2037年5月	
1974年12月		2037年6月	
1975年1月	62岁7个月	2037年8月	31
1975年2月		2037年9月	
1975年3月		2037年10月	
1975年4月		2037年11月	
1975年5月	62岁8个月	2038年1月	32
1975年6月		2038年2月	
1975年7月		2038年3月	
1975年8月		2038年4月	
1975年9月	62岁9个月	2038年6月	33
1975年10月		2038年7月	
1975年11月		2038年8月	
1975年12月		2038年9月	
1976年1月	62岁10个月	2038年11月	34
1976年2月		2038年12月	
1976年3月		2039年1月	
1976年4月		2039年2月	

延迟法定退休年龄每 4 个月延迟 1 个月			
出生时间	改革后法定退休年龄	改革后退休时间	延迟月数
1976 年 5 月	62 岁 11 个月	2039 年 4 月	35
1976 年 6 月		2039 年 5 月	
1976 年 7 月		2039 年 6 月	
1976 年 8 月		2039 年 7 月	
1976 年 9 月	63 岁	2039 年 9 月	36
1976 年 10 月		2039 年 10 月	
1976 年 11 月		2039 年 11 月	
1976 年 12 月		2039 年 12 月	

附件 2：

原法定退休年龄五十五周岁的
女职工延迟法定退休年龄对照表

延迟法定退休年龄每 4 个月延迟 1 个月			
出生时间	改革后法定退休年龄	改革后退休时间	延迟月数
1970 年 1 月	55 岁 1 个月	2025 年 2 月	1
1970 年 2 月		2025 年 3 月	
1970 年 3 月		2025 年 4 月	
1970 年 4 月		2025 年 5 月	
1970 年 5 月	55 岁 2 个月	2025 年 7 月	2
1970 年 6 月		2025 年 8 月	
1970 年 7 月		2025 年 9 月	
1970 年 8 月		2025 年 10 月	
1970 年 9 月	55 岁 3 个月	2025 年 12 月	3
1970 年 10 月		2026 年 1 月	
1970 年 11 月		2026 年 2 月	
1970 年 12 月		2026 年 3 月	
1971 年 1 月	55 岁 4 个月	2026 年 5 月	4
1971 年 2 月		2026 年 6 月	
1971 年 3 月		2026 年 7 月	
1971 年 4 月		2026 年 8 月	

延迟法定退休年龄每4个月延迟1个月			
出生时间	改革后法定退休年龄	改革后退休时间	延迟月数
1971 年 5 月	55 岁 5 个月	2026 年 10 月	5
1971 年 6 月		2026 年 11 月	
1971 年 7 月		2026 年 12 月	
1971 年 8 月		2027 年 1 月	
1971 年 9 月	55 岁 6 个月	2027 年 3 月	6
1971 年 10 月		2027 年 4 月	
1971 年 11 月		2027 年 5 月	
1971 年 12 月		2027 年 6 月	
1972 年 1 月	55 岁 7 个月	2027 年 8 月	7
1972 年 2 月		2027 年 9 月	
1972 年 3 月		2027 年 10 月	
1972 年 4 月		2027 年 11 月	
1972 年 5 月	55 岁 8 个月	2028 年 1 月	8
1972 年 6 月		2028 年 2 月	
1972 年 7 月		2028 年 3 月	
1972 年 8 月		2028 年 4 月	
1972 年 9 月	55 岁 9 个月	2028 年 6 月	9
1972 年 10 月		2028 年 7 月	
1972 年 11 月		2028 年 8 月	
1972 年 12 月		2028 年 9 月	
1973 年 1 月	55 岁 10 个月	2028 年 11 月	10
1973 年 2 月		2028 年 12 月	
1973 年 3 月		2029 年 1 月	
1973 年 4 月		2029 年 2 月	

延迟法定退休年龄每4个月延迟1个月			
出生时间	改革后法定退休年龄	改革后退休时间	延迟月数
1973 年 5 月	55 岁 11 个月	2029 年 4 月	11
1973 年 6 月		2029 年 5 月	
1973 年 7 月		2029 年 6 月	
1973 年 8 月		2029 年 7 月	
1973 年 9 月	56 岁	2029 年 9 月	12
1973 年 10 月		2029 年 10 月	
1973 年 11 月		2029 年 11 月	
1973 年 12 月		2029 年 12 月	
1974 年 1 月	56 岁 1 个月	2030 年 2 月	13
1974 年 2 月		2030 年 3 月	
1974 年 3 月		2030 年 4 月	
1974 年 4 月		2030 年 5 月	
1974 年 5 月	56 岁 2 个月	2030 年 7 月	14
1974 年 6 月		2030 年 8 月	
1974 年 7 月		2030 年 9 月	
1974 年 8 月		2030 年 10 月	
1974 年 9 月	56 岁 3 个月	2030 年 12 月	15
1974 年 10 月		2031 年 1 月	
1974 年 11 月		2031 年 2 月	
1974 年 12 月		2031 年 3 月	
1975 年 1 月	56 岁 4 个月	2031 年 5 月	16
1975 年 2 月		2031 年 6 月	
1975 年 3 月		2031 年 7 月	
1975 年 4 月		2031 年 8 月	

延迟法定退休年龄每4个月延迟1个月			
出生时间	改革后法定退休年龄	改革后退休时间	延迟月数
1975 年 5 月	56 岁 5 个月	2031 年 10 月	17
1975 年 6 月		2031 年 11 月	
1975 年 7 月		2031 年 12 月	
1975 年 8 月		2032 年 1 月	
1975 年 9 月	56 岁 6 个月	2032 年 3 月	18
1975 年 10 月		2032 年 4 月	
1975 年 11 月		2032 年 5 月	
1975 年 12 月		2032 年 6 月	
1976 年 1 月	56 岁 7 个月	2032 年 8 月	19
1976 年 2 月		2032 年 9 月	
1976 年 3 月		2032 年 10 月	
1976 年 4 月		2032 年 11 月	
1976 年 5 月	56 岁 8 个月	2033 年 1 月	20
1976 年 6 月		2033 年 2 月	
1976 年 7 月		2033 年 3 月	
1976 年 8 月		2033 年 4 月	
1976 年 9 月	56 岁 9 个月	2033 年 6 月	21
1976 年 10 月		2033 年 7 月	
1976 年 11 月		2033 年 8 月	
1976 年 12 月		2033 年 9 月	
1977 年 1 月	56 岁 10 个月	2033 年 11 月	22
1977 年 2 月		2033 年 12 月	
1977 年 3 月		2034 年 1 月	
1977 年 4 月		2034 年 2 月	

延迟法定退休年龄每 4 个月延迟 1 个月			
出生时间	改革后法定退休年龄	改革后退休时间	延迟月数
1977 年 5 月	56 岁 11 个月	2034 年 4 月	23
1977 年 6 月		2034 年 5 月	
1977 年 7 月		2034 年 6 月	
1977 年 8 月		2034 年 7 月	
1977 年 9 月	57 岁	2034 年 9 月	24
1977 年 10 月		2034 年 10 月	
1977 年 11 月		2034 年 11 月	
1977 年 12 月		2034 年 12 月	
1978 年 1 月	57 岁 1 个月	2035 年 2 月	25
1978 年 2 月		2035 年 3 月	
1978 年 3 月		2035 年 4 月	
1978 年 4 月		2035 年 5 月	
1978 年 5 月	57 岁 2 个月	2035 年 7 月	26
1978 年 6 月		2035 年 8 月	
1978 年 7 月		2035 年 9 月	
1978 年 8 月		2035 年 10 月	
1978 年 9 月	57 岁 3 个月	2035 年 12 月	27
1978 年 10 月		2036 年 1 月	
1978 年 11 月		2036 年 2 月	
1978 年 12 月		2036 年 3 月	
1979 年 1 月	57 岁 4 个月	2036 年 5 月	28
1979 年 2 月		2036 年 6 月	
1979 年 3 月		2036 年 7 月	
1979 年 4 月		2036 年 8 月	

延迟法定退休年龄每 4 个月延迟 1 个月			
出生时间	改革后法定退休年龄	改革后退休时间	延迟月数
1979 年 5 月	57 岁 5 个月	2036 年 10 月	29
1979 年 6 月		2036 年 11 月	
1979 年 7 月		2036 年 12 月	
1979 年 8 月		2037 年 1 月	
1979 年 9 月	57 岁 6 个月	2037 年 3 月	30
1979 年 10 月		2037 年 4 月	
1979 年 11 月		2037 年 5 月	
1979 年 12 月		2037 年 6 月	
1980 年 1 月	57 岁 7 个月	2037 年 8 月	31
1980 年 2 月		2037 年 9 月	
1980 年 3 月		2037 年 10 月	
1980 年 4 月		2037 年 11 月	
1980 年 5 月	57 岁 8 个月	2038 年 1 月	32
1980 年 6 月		2038 年 2 月	
1980 年 7 月		2038 年 3 月	
1980 年 8 月		2038 年 4 月	
1980 年 9 月	57 岁 9 个月	2038 年 6 月	33
1980 年 10 月		2038 年 7 月	
1980 年 11 月		2038 年 8 月	
1980 年 12 月		2038 年 9 月	
1981 年 1 月	57 岁 10 个月	2038 年 11 月	34
1981 年 2 月		2038 年 12 月	
1981 年 3 月		2039 年 1 月	
1981 年 4 月		2039 年 2 月	

延迟法定退休年龄每 4 个月延迟 1 个月			
出生时间	改革后法定退休年龄	改革后退休时间	延迟月数
1981 年 5 月	57 岁 11 个月	2039 年 4 月	35
1981 年 6 月		2039 年 5 月	
1981 年 7 月		2039 年 6 月	
1981 年 8 月		2039 年 7 月	
1981 年 9 月	58 岁	2039 年 9 月	36
1981 年 10 月		2039 年 10 月	
1981 年 11 月		2039 年 11 月	
1981 年 12 月		2039 年 12 月	

原法定退休年龄五十周岁的
女职工延迟法定退休年龄对照表

延迟法定退休年龄每 2 个月延迟 1 个月			
出生时间	改革后法定退休年龄	改革后退休时间	延迟月数
1975 年 1 月	50 岁 1 个月	2025 年 2 月	1
1975 年 2 月		2025 年 3 月	
1975 年 3 月	50 岁 2 个月	2025 年 5 月	2
1975 年 4 月		2025 年 6 月	
1975 年 5 月	50 岁 3 个月	2025 年 8 月	3
1975 年 6 月		2025 年 9 月	
1975 年 7 月	50 岁 4 个月	2025 年 11 月	4
1975 年 8 月		2025 年 12 月	
1975 年 9 月	50 岁 5 个月	2026 年 2 月	5
1975 年 10 月		2026 年 3 月	
1975 年 11 月	50 岁 6 个月	2026 年 5 月	6
1975 年 12 月		2026 年 6 月	
1976 年 1 月	50 岁 7 个月	2026 年 8 月	7
1976 年 2 月		2026 年 9 月	
1976 年 3 月	50 岁 8 个月	2026 年 11 月	8
1976 年 4 月		2026 年 12 月	
1976 年 5 月	50 岁 9 个月	2027 年 2 月	9
1976 年 6 月		2027 年 3 月	

延迟法定退休年龄每2个月延迟1个月			
出生时间	改革后法定退休年龄	改革后退休时间	延迟月数
1976年7月	50岁10个月	2027年5月	10
1976年8月		2027年6月	
1976年9月	50岁11个月	2027年8月	11
1976年10月		2027年9月	
1976年11月	51岁	2027年11月	12
1976年12月		2027年12月	
1977年1月	51岁1个月	2028年2月	13
1977年2月		2028年3月	
1977年3月	51岁2个月	2028年5月	14
1977年4月		2028年6月	
1977年5月	51岁3个月	2028年8月	15
1977年6月		2028年9月	
1977年7月	51岁4个月	2028年11月	16
1977年8月		2028年12月	
1977年9月	51岁5个月	2029年2月	17
1977年10月		2029年3月	
1977年11月	51岁6个月	2029年5月	18
1977年12月		2029年6月	
1978年1月	51岁7个月	2029年8月	19
1978年2月		2029年9月	
1978年3月	51岁8个月	2029年11月	20
1978年4月		2029年12月	
1978年5月	51岁9个月	2030年2月	21
1978年6月		2030年3月	

延迟法定退休年龄每2个月延迟1个月			
出生时间	改革后法定退休年龄	改革后退休时间	延迟月数
1978 年 7 月	51 岁 10 个月	2030 年 5 月	22
1978 年 8 月		2030 年 6 月	
1978 年 9 月	51 岁 11 个月	2030 年 8 月	23
1978 年 10 月		2030 年 9 月	
1978 年 11 月	52 岁	2030 年 11 月	24
1978 年 12 月		2030 年 12 月	
1979 年 1 月	52 岁 1 个月	2031 年 2 月	25
1979 年 2 月		2031 年 3 月	
1979 年 3 月	52 岁 2 个月	2031 年 5 月	26
1979 年 4 月		2031 年 6 月	
1979 年 5 月	52 岁 3 个月	2031 年 8 月	27
1979 年 6 月		2031 年 9 月	
1979 年 7 月	52 岁 4 个月	2031 年 11 月	28
1979 年 8 月		2031 年 12 月	
1979 年 9 月	52 岁 5 个月	2032 年 2 月	29
1979 年 10 月		2032 年 3 月	
1979 年 11 月	52 岁 6 个月	2032 年 5 月	30
1979 年 12 月		2032 年 6 月	
1980 年 1 月	52 岁 7 个月	2032 年 8 月	31
1980 年 2 月		2032 年 9 月	
1980 年 3 月	52 岁 8 个月	2032 年 11 月	32
1980 年 4 月		2032 年 12 月	
1980 年 5 月	52 岁 9 个月	2033 年 2 月	33
1980 年 6 月		2033 年 3 月	

延迟法定退休年龄每2个月延迟1个月			
出生时间	改革后法定退休年龄	改革后退休时间	延迟月数
1980 年 7 月	52 岁 10 个月	2033 年 5 月	34
1980 年 8 月		2033 年 6 月	
1980 年 9 月	52 岁 11 个月	2033 年 8 月	35
1980 年 10 月		2033 年 9 月	
1980 年 11 月	53 岁	2033 年 11 月	36
1980 年 12 月		2033 年 12 月	
1981 年 1 月	53 岁 1 个月	2034 年 2 月	37
1981 年 2 月		2034 年 3 月	
1981 年 3 月	53 岁 2 个月	2034 年 5 月	38
1981 年 4 月		2034 年 6 月	
1981 年 5 月	53 岁 3 个月	2034 年 8 月	39
1981 年 6 月		2034 年 9 月	
1981 年 7 月	53 岁 4 个月	2034 年 11 月	40
1981 年 8 月		2034 年 12 月	
1981 年 9 月	53 岁 5 个月	2035 年 2 月	41
1981 年 10 月		2035 年 3 月	
1981 年 11 月	53 岁 6 个月	2035 年 5 月	42
1981 年 12 月		2035 年 6 月	
1982 年 1 月	53 岁 7 个月	2035 年 8 月	43
1982 年 2 月		2035 年 9 月	
1982 年 3 月	53 岁 8 个月	2035 年 11 月	44
1982 年 4 月		2035 年 12 月	
1982 年 5 月	53 岁 9 个月	2036 年 2 月	45
1982 年 6 月		2036 年 3 月	

延迟法定退休年龄每 2 个月延迟 1 个月			
出生时间	改革后法定退休年龄	改革后退休时间	延迟月数
1982 年 7 月	53 岁 10 个月	2036 年 5 月	46
1982 年 8 月		2036 年 6 月	
1982 年 9 月	53 岁 11 个月	2036 年 8 月	47
1982 年 10 月		2036 年 9 月	
1982 年 11 月	54 岁	2036 年 11 月	48
1982 年 12 月		2036 年 12 月	
1983 年 1 月	54 岁 1 个月	2037 年 2 月	49
1983 年 2 月		2037 年 3 月	
1983 年 3 月	54 岁 2 个月	2037 年 5 月	50
1983 年 4 月		2037 年 6 月	
1983 年 5 月	54 岁 3 个月	2037 年 8 月	51
1983 年 6 月		2037 年 9 月	
1983 年 7 月	54 岁 4 个月	2037 年 11 月	52
1983 年 8 月		2037 年 12 月	
1983 年 9 月	54 岁 5 个月	2038 年 2 月	53
1983 年 10 月		2038 年 3 月	
1983 年 11 月	54 岁 6 个月	2038 年 5 月	54
1983 年 12 月		2038 年 6 月	
1984 年 1 月	54 岁 7 个月	2038 年 8 月	55
1984 年 2 月		2038 年 9 月	
1984 年 3 月	54 岁 8 个月	2038 年 11 月	56
1984 年 4 月		2038 年 12 月	
1984 年 5 月	54 岁 9 个月	2039 年 2 月	57
1984 年 6 月		2039 年 3 月	

延迟法定退休年龄每2个月延迟1个月			
出生时间	改革后法定退休年龄	改革后退休时间	延迟月数
1984 年 7 月	54 岁 10 个月	2039 年 5 月	58
1984 年 8 月		2039 年 6 月	
1984 年 9 月	54 岁 11 个月	2039 年 8 月	59
1984 年 10 月		2039 年 9 月	
1984 年 11 月	55 岁	2039 年 11 月	60
1984 年 12 月		2039 年 12 月	

附件 4：

提高最低缴费年限情况表

年　份	当年最低缴费年限
2025 年	15 年
2026 年	15 年
2027 年	15 年
2028 年	15 年
2029 年	15 年
2030 年	15 年+6 个月
2031 年	16 年
2032 年	16 年+6 个月
2033 年	17 年
2034 年	17 年+6 个月
2035 年	18 年
2036 年	18 年+6 个月
2037 年	19 年
2038 年	19 年+6 个月
2039 年	20 年

实施弹性退休制度暂行办法

（2024 年 12 月 31 日　人社部发〔2024〕94 号）

为贯彻落实《全国人民代表大会常务委员会关于实施渐进式延迟法定退休年龄的决定》，体现自愿、弹性原则，切实保障职工合法权益，促进人力资源开发利用，制定本办法。

第一条　职工达到国家规定的按月领取基本养老金最低缴费年限，可以自愿选择弹性提前退休，提前时间距法定退休年龄最长不超过 3 年，且退休年龄不得低于女职工 50 周岁、55 周岁及男职工 60 周岁的原法定退休年龄。

第二条　职工自愿选择弹性提前退休的，至少在本人选择的退休时间前 3 个月，以书面形式告知所在单位。

第三条 职工按法定退休年龄退休的，所在单位应及时为其办理退休手续。

第四条 职工达到法定退休年龄，所在单位与职工协商一致的，可以弹性延迟退休，延迟时间距法定退休年龄最长不超过 3 年。所在单位与职工应提前 1 个月，以书面形式明确延迟退休时间等事项。弹性延迟退休时间确定后，不再延长。

公务员、国有企事业单位领导人员及其他管理人员，达到法定退休年龄时应当及时办理退休手续。

第五条 弹性延迟退休期间，所在单位与职工的劳动关系或人事关系延续，单位和职工应按时足额缴纳社会保险费，按照劳动合同法、事业单位人事管理条例等法律法规保障职工合法权益。

第六条 职工达到弹性延迟退休时间，劳动关系或人事关系终止，所在单位应按规定为其办理退休手续。弹性延迟退休期间，所在单位与职工协商一致，可以终止弹性延迟退休，按规定办理退休手续。

第七条 弹性提前退休的职工，应达到所选择退休时间对应年份最低缴费年限；弹性延迟退休的职工，应达到本人法定退休年龄对应年份最低缴费年限。

第八条 所在单位应不晚于职工选择的退休时间当月，按规定向社会保险经办机构提出领取基本养老金申请，如实提供退休时间申请书等材料。

第九条 社会保险经办机构应及时对领取基本养老金申请进行审核。职工从审核通过的退休时间次月开始领取基本养老金。

第十条 对已经领取基本养老金的人员，不再受理弹性退休申请。

第十一条 各地区、各单位要严格执行国家规定，充分尊重职工意愿，保障其依法选择退休年龄的权利。用人单位不得违背职工意愿，违法强制或变相强制职工选择退休年龄。

第十二条 各级社会保险经办机构要探索扩展退休服务，主动为临近退休年龄的参保人员提供关于办理退休手续的预先指导和提前受理等服务。

第十三条 机关和国有企事业单位工作人员弹

性退休的，应当按照干部人事管理权限和规定程序报批同意。

第十四条　本办法自 2025 年 1 月 1 日起施行。2024 年 12 月 31 日前已经达到原法定退休年龄的人员，不适用本办法。

企业职工基本养老保险
病残津贴暂行办法

(2024 年 9 月 27 日　人社部发〔2024〕72 号)

　　第一条　为对因病或者非因工致残完全丧失劳动能力（以下简称完全丧失劳动能力）的企业职工基本养老保险（以下简称基本养老保险）参保人员（以下简称参保人员）给予适当帮助，根据《中华人民共和国社会保险法》，制定本办法。

　　第二条　参保人员达到法定退休年龄前因病或者非因工致残经鉴定为完全丧失劳动能力的，可以申请按月领取病残津贴。

　　第三条　参保人员申请病残津贴时，累计缴费年限（含视同缴费年限，下同）满领取基本养老金最低缴费年限且距离法定退休年龄 5 年（含）以内的，病残津贴月标准执行参保人员待遇领取地退休人员基本养老金计发办法，并在国家统一调整基本养老金水平时按待遇领取地退休人员政策同步调整。

领取病残津贴人员达到法定退休年龄时，应办理退休手续，基本养老金不再重新计算。符合弹性提前退休条件的，可申请弹性提前退休。

第四条　参保人员申请病残津贴时，累计缴费年限满领取基本养老金最低缴费年限且距离法定退休年龄 5 年以上的，病残津贴月标准执行参保人员待遇领取地退休人员基础养老金计发办法，并在国家统一调整基本养老金水平时按照基本养老金全国总体调整比例同步调整。

参保人员距离法定退休年龄 5 年时，病残津贴重新核算，按第三条规定执行。

第五条　参保人员申请病残津贴时，累计缴费年限不满领取基本养老金最低缴费年限的，病残津贴月标准执行参保人员待遇领取地退休人员基础养老金计发办法，并在国家统一调整基本养老金水平时按照基本养老金全国总体调整比例同步调整。参保人员累计缴费年限不足 5 年的，支付 12 个月的病残津贴；累计缴费年限满 5 年以上的，每多缴费 1 年（不满 1 年按 1 年计算），增加 3 个月的病残津贴。

第六条　病残津贴所需资金由基本养老保险基金支付。

第七条　参保人员申请领取病残津贴，按国家基本养老保险有关规定确定待遇领取地，并将基本养老保险关系归集至待遇领取地，应在待遇领取地申请领取病残津贴。

第八条　参保人员领取病残津贴期间，不再缴纳基本养老保险费。继续就业并按国家规定缴费的，自恢复缴费次月起，停发病残津贴。

第九条　参保人员领取病残津贴期间死亡的，其遗属待遇按在职人员标准执行。

第十条　申请领取病残津贴人员应持有待遇领取地或最后参保地地级（设区市）以上劳动能力鉴定机构作出的完全丧失劳动能力鉴定结论。完全丧失劳动能力鉴定结论一年内有效。劳动能力鉴定标准和流程按照国家现行鉴定标准和政策执行。因不符合完全丧失劳动能力而不能领取病残津贴的，再次申请劳动能力鉴定应自上次劳动能力鉴定结论作出之日起一年后。劳动能力鉴定所需经费列入同级人力资源社会保障行政部门预算。

第十一条 建立病残津贴领取人员劳动能力复查鉴定制度，由省级人力资源社会保障行政部门负责组织实施。劳动能力鉴定机构提供技术支持，所需经费列入同级人力资源社会保障行政部门预算。经复查鉴定不符合完全丧失劳动能力的，自做出复查鉴定结论的次月起停发病残津贴。对于无正当理由不按时参加复查鉴定的病残津贴领取人员，自告知应复查鉴定的 60 日后暂停发放病残津贴，经复查鉴定为完全丧失劳动能力的，恢复其病残津贴，自暂停发放之日起补发。具体办法另行制定。

第十二条 省级人力资源社会保障行政部门负责病残津贴领取资格审核确定，可委托地市级人力资源社会保障行政部门进行初审。审核通过后符合领取条件的人员，从本人申请的次月发放病残津贴，通过参保人员社会保障卡银行账户发放。在做出正式审核决定前，需经过参保人员本人工作或生活场所及人力资源社会保障部门政府网站进行不少于5个工作日的公示，并告知本人相关政策及权益。

第十三条 以欺诈、伪造证明材料或者其他手段骗取病残津贴的，由人力资源社会保障行政部门责令退回，并按照有关法律规定追究相关人员责任。

第十四条 本办法自2025年1月1日起实施。各地区企业职工因病或非因工完全丧失劳动能力退休和退职政策从本办法实施之日起停止执行。本办法实施前，参保人员已按规定领取病退、退职待遇，本办法实施后原则上继续领取相关待遇。

个人养老金实施办法

（2022 年 10 月 26 日　人社部发〔2022〕70 号）

第一章　总　　则

第一条　为贯彻落实《国务院办公厅关于推动个人养老金发展的意见》（国办发〔2022〕7 号），加强个人养老金业务管理，规范个人养老金运作流程，制定本实施办法。

第二条　个人养老金是指政府政策支持、个人自愿参加、市场化运营、实现养老保险补充功能的制度。个人养老金实行个人账户制，缴费完全由参加人个人承担，自主选择购买符合规定的储蓄存款、理财产品、商业养老保险、公募基金等金融产品（以下统称个人养老金产品），实行完全积累，按照国家有关规定享受税收优惠政策。

第三条 本实施办法适用于个人养老金的参加人、人力资源社会保障部组织建设的个人养老金信息管理服务平台（以下简称信息平台）、金融行业平台、参与金融机构和相关政府部门等。

个人养老金的参加人应当是在中国境内参加城镇职工基本养老保险或者城乡居民基本养老保险的劳动者。金融行业平台为金融监管部门组织建设的业务信息平台。参与金融机构包括经中国银行保险监督管理委员会确定开办个人养老金资金账户业务的商业银行（以下简称商业银行），以及经金融监管部门确定的个人养老金产品发行机构和销售机构。

第四条 信息平台对接商业银行和金融行业平台，以及相关政府部门，为个人养老金实施、参与部门职责内监管和政府宏观指导提供支持。

信息平台通过国家社会保险公共服务平台、全国人力资源和社会保障政务服务平台、电子社保卡、掌上12333APP等全国统一线上服务入口或者商业银行等渠道，为参加人提供个人养老金服务，支持参加人开立个人养老金账户，查询个人养老金资金账户缴费额度、个人资产信息和个人养老金产品等信息，根据参加人需要提供涉税凭证。

第五条 各参与部门根据职责，对个人养老金的实施情况、参与金融机构和个人养老金产品等进行监管。各地区要加强领导、周密部署、广泛宣传，稳妥有序推动个人养老金发展。

第二章 参加流程

第六条 参加人参加个人养老金，应当通过全国统一线上服务入口或者商业银行渠道，在信息平台开立个人养老金账户；其他个人养老金产品销售机构可以通过商业银行渠道，协助参加人在信息平台在线开立个人养老金账户。

个人养老金账户用于登记和管理个人身份信息，并与基本养老保险关系关联，记录个人养老金缴费、投资、领取、抵扣和缴纳个人所得税等信息，是参加人参加个人养老金、享受税收优惠政策的基础。

第七条　参加人可以选择一家商业银行开立或者指定本人唯一的个人养老金资金账户，也可以通过其他符合规定的个人养老金产品销售机构指定。

个人养老金资金账户作为特殊专用资金账户，参照个人人民币银行结算账户项下Ⅱ类户进行管理。个人养老金资金账户与个人养老金账户绑定，为参加人提供资金缴存、缴费额度登记、个人养老金产品投资、个人养老金支付、个人所得税税款支付、资金与相关权益信息查询等服务。

第八条　参加人每年缴纳个人养老金额度上限为12000元，参加人每年缴费不得超过该缴费额度上限。人力资源社会保障部、财政部根据经济社会发展水平、多层次养老保险体系发展情况等因素适时调整缴费额度上限。

第九条　参加人可以按月、分次或者按年度缴费，缴费额度按自然年度累计，次年重新计算。

第十条　参加人自主决定个人养老金资金账户的投资计划，包括个人养老金产品的投资品种、投资金额等。

第十一条　参加人可以在不同商业银行之间变更其个人养老金资金账户。参加人办理个人养老金资金账户变更时，应向原商业银行提出，经信息平台确认后，在新商业银行开立新的个人养老金资金账户。

参加人在个人养老金资金账户变更后，信息平台向原商业银行提供新的个人养老金资金账户及开户行信息，向新商业银行提供参加人当年剩余缴费额度信息。参与金融机构按照参加人的要求和相关业务规则，为参加人办理原账户内资金划转及所持有个人养老金产品转移等手续。

第十二条　个人养老金资金账户封闭运行，参加人达到以下任一条件的，可以按月、分次或者一次性领取个人养老金。

（一）达到领取基本养老金年龄；

（二）完全丧失劳动能力；

（三）出国（境）定居；

（四）国家规定的其他情形。

第十三条　参加人已领取基本养老金的，可以向商业银行提出领取个人养老金。商业银行受理后，应通过信息平台核验参加人的领取资格，获取参加人本人社会保障卡银行账户，按照参加人选定的领取方式，完成个人所得税代扣后，将资金划转至参加人本人社会保障卡银行账户。

参加人符合完全丧失劳动能力、出国（境）定居或者国家规定的其他情形等领取个人养老金条件的，可以凭劳动能力鉴定结论书、出国（境）定居证明等向商业银行提出。商业银行审核并报送信息平台核验备案后，为参加人办理领取手续。

第十四条 鼓励参加人长期领取个人养老金。

参加人按月领取时，可以按照基本养老保险确定的计发月数逐月领取，也可以按照自己选定的领取月数逐月领取，领完为止；或者按照自己确定的固定额度逐月领取，领完为止。

参加人选取分次领取的，应选定领取期限，明确领取次数或方式，领完为止。

第十五条 参加人身故的，其个人养老金资金账户内的资产可以继承。

参加人出国（境）定居、身故等原因社会保障卡被注销的，商业银行将参加人个人养老金资金账户内的资金转至其本人或者继承人指定的资金账户。

第十六条　参加人完成个人养老金资金账户内资金（资产）转移，或者账户内的资金（资产）领取完毕的，商业银行注销该资金账户。

第三章　信息报送和管理

第十七条　信息平台对个人养老金账户及业务数据实施统一集中管理，与基本养老保险信息、社会保障卡信息关联，支持制度实施监控、决策支持等。

第十八条　商业银行应及时将个人养老金资金账户相关信息报送至信息平台。具体包括：

（一）个人基本信息。包括个人身份信息、个人养老金资金账户信息等；

（二）相关产品投资信息。包括产品交易信息、资产信息；

（三）资金信息。包括缴费信息、资金划转信息、相关资产转移信息、领取信息、缴纳个人所得税信息、资金余额信息等。

第十九条　商业银行根据业务流程和信息的时效性需要，按照实时核验、定时批量两类时效与信息平台进行交互，其中：

（一）商业银行在办理个人养老金资金账户开立、变更、注销和资金领取等业务时，实时核验参加人基本养老保险参保状态、个人养老金账户和资金账户唯一性，并报送有关信息；

（二）商业银行在办理完个人养老金资金账户开立、缴费、资金领取，以及提供与个人养老金产品交易相关的资金划转等服务后，定时批量报送相关信息。

第二十条　金融行业平台应及时将以下数据报送至信息平台。

（一）个人养老金产品发行机构、销售机构的基本信息；

（二）个人养老金产品的基本信息；

（三）参加人投资相关个人养老金产品的交易信息、资产信息数据等。

第二十一条　信息平台应当及时向商业银行和金融行业平台提供技术规范，确保对接顺畅。

推进信息平台与相关部门共享信息，为规范制度实施、实施业务监管、优化服务体验提供支持。

第四章　个人养老金资金账户管理

第二十二条　商业银行应完成与信息平台、金融行业平台的系统对接，经验收合格后办理个人养老金业务。

第二十三条　商业银行可以通过本机构柜面或者电子渠道，为参加人开立个人养老金资金账户。

商业银行为参加人开立个人养老金资金账户，应当通过信息平台完成个人养老金账户核验。

商业银行也可以核对参加人提供的由社会保险经办机构出具的基本养老保险参保证明或者个人权益记录单等相关材料，报经信息平台开立个人养老金账户后，为参加人开立个人养老金资金账户，并与个人养老金账户绑定。

第二十四条 参加人开立个人养老金资金账户时，应当按照金融监管部门要求向商业银行提供有效身份证件等材料。

商业银行为参加人开立个人养老金资金账户，应当严格遵守相关规定。

第二十五条 个人养老金资金账户应支持参加人通过商业银行结算账户、非银行支付机构、现金等途径缴费。商业银行应为参加人、个人养老金产品销售机构等提供与个人养老金产品交易相关的资金划转服务。

第二十六条 商业银行应实时登记个人养老金资金账户的缴费额度，对于超出当年缴费额度上限的，应予以提示，并不予受理。

第二十七条 商业银行应根据相关个人养老金产品交易结果，记录参加人交易产品信息。

第二十八条 商业银行应为参加人个人养老金资金账户提供变更服务，并协助做好新旧账户衔接和旧账户注销。原商业银行、新商业银行应通过信息平台完成账户核验、账户变更、资产转移、信息报送等工作。

第二十九条　商业银行应当区别处理转移资金，转移资金中的本年度缴费额度累计计算。

第三十条　个人养老金资金账户当日发生缴存业务的，商业银行不应为其办理账户变更手续。办理资金账户变更业务期间，原个人养老金资金账户不允许办理缴存、投资以及支取等业务。

第三十一条　商业银行开展个人养老金资金账户业务，应当公平对待符合规定的个人养老金产品发行机构和销售机构。

第三十二条　商业银行应保存个人养老金资金账户全部信息自账户注销日起至少十五年。

第五章　个人养老金机构与产品管理

第三十三条　个人养老金产品及其发行、销售机构由相关金融监管部门确定。个人养老金产品及其发行机构信息应当在信息平台和金融行业平台同日发布。

第三十四条　个人养老金产品应当具备运作安全、成熟稳定、标的规范、侧重长期保值等基本特征。

第三十五条　商业银行、个人养老金产品发行机构和销售机构应根据有关规定，建立健全业务管理制度，包括但不限于个人养老金资金账户服务、产品管理、销售管理、合作机构管理、信息披露等。商业银行发现个人养老金实施中存在违规行为、相关风险或者其他问题的，应及时向监管部门报告并依规采取措施。

第三十六条　个人养老金产品交易所涉及的资金往来，除另有规定外必须从个人养老金资金账户发起，并返回个人养老金资金账户。

第三十七条　个人养老金产品发行、销售机构应为参加人提供便利的购买、赎回等服务，在符合监管规则及产品合同的前提下，支持参加人进行产品转换。

第三十八条　个人养老金资金账户内未进行投资的资金按照商业银行与个人约定的存款利率及计息方式计算利息。

第三十九条　个人养老金产品销售机构要以"销售适当性"为原则，依法了解参加人的风险偏好、风险认知能力和风险承受能力，做好风险提示，不得主动向参加人推介超出其风险承受能力的个人养老金产品。

第六章　信　息　披　露

第四十条　人力资源社会保障部、财政部汇总并披露个人养老金实施情况，包括但不限于参加人数、资金积累和领取、个人养老金产品的投资运作数据等情况。

第四十一条　信息披露应当以保护参加人利益为根本出发点，保证所披露信息的真实性、准确性、完整性，不得有虚假记载、误导性陈述和重大遗漏。

第七章 监 督 管 理

第四十二条 人力资源社会保障部、财政部根据职责对个人养老金的账户设置、缴费额度、领取条件、税收优惠等制定具体政策并进行运行监管。税务部门依法对个人养老金实施税收征管。

第四十三条 人力资源社会保障部对信息平台的日常运行履行监管职责，规范信息平台与商业银行、金融行业平台、有关政府部门之间的信息交互流程。

第四十四条 人力资源社会保障部、财政部、税务部门在履行日常监管职责时，可依法采取以下措施：

（一）查询、记录、复制与被调查事项有关的个人养老金业务的各类合同等业务资料；

（二）询问与调查事项有关的机构和个人，要求其对有关问题做出说明、提供有关证明材料；

（三）其他法律法规和国家规定的措施。

第四十五条　中国银行保险监督管理委员会、中国证券监督管理委员会根据职责，分别制定配套政策，明确参与金融机构的名单、业务流程、个人养老金产品条件、监管信息报送等要求，规范银行保险机构个人养老金业务和个人养老金投资公募基金业务，对参与金融机构发行、销售个人养老金产品等经营活动依法履行监管职责，督促参与金融机构优化产品和服务，做好产品风险提示，加强投资者教育。

参与金融机构违反本实施办法的，中国银行保险监督管理委员会、中国证券监督管理委员会依法依规采取措施。

第四十六条　中国银行保险监督管理委员会、中国证券监督管理委员会对金融行业平台有关个人养老金业务的日常运营履行监管职责。

第四十七条　各参与部门要加强沟通，通过线上线下等多种途径，及时了解社会各方面对个人养老金的意见建议，处理个人养老金实施过程中的咨询投诉。

第四十八条 各参与机构应当积极配合检查，如实提供有关资料，不得拒绝、阻挠或者逃避检查，不得谎报、隐匿或者销毁相关证据材料。

第四十九条 参与机构违反本实施办法规定或者相关法律法规的，人力资源社会保障部、财政部、税务部门按照职责依法依规采取措施。

第八章 附 则

第五十条 中国银行保险监督管理委员会、人力资源社会保障部会同相关部门做好个人税收递延型商业养老保险试点与个人养老金的衔接。

第五十一条 本实施办法自印发之日起施行。

第五十二条 人力资源社会保障部、财政部、国家税务总局、中国银行保险监督管理委员会、中国证券监督管理委员会根据职责负责本实施办法的解释。